TABLE DES MATIÈRES

ISBN : 2-215-064-87-0

Dépôt légal à la date de parution.
Conforme à la loi n°49-956 du 16 juillet 1949
sur les publications destinées à la jeunesse.
Imprimé en Italie (01-02).

À Sandra et David.

M.-L. B. et Ph. S.

L'imagerie de la ville

Conception :
Émilie Beaumont

Textes :
Philippe Simon - Marie-Laure Bouet

Images :
M. I. A. : Isabella Misso - Alessandra Ceriani
Isabelle Rognoni - Colette Hus-David

ÉDITIONS FLEURUS

ÉDITIONS FLEURUS, 15-27, rue Moussorgski, 75018 PARIS

NAISSANCE DE LA VILLE

AU TEMPS DES CHASSEURS DE MAMMOUTHS

Les hommes de la préhistoire sont des nomades. Ils habitent dans des tentes et suivent les troupeaux d'animaux sauvages…

Cette tribu marche depuis plusieurs jours à la recherche de nourriture. Elle va installer son campement de tentes près du fleuve.

Les hommes chassent et pêchent. Les femmes et les enfants cueillent des fruits et des champignons ou ramassent des œufs d'oiseaux.

LES PREMIERS VILLAGES D'AGRICULTEURS

Beaucoup plus tard, les hommes cessent de se déplacer et bâtissent des villages près des forêts.

Ils deviennent agriculteurs : ils cultivent des lentilles, des pois et de l'orge, et élèvent des chèvres, des moutons et des cochons.

Ils habitent dans des huttes en bois et torchis. La nourriture est conservée à l'abri des animaux dans un grenier surélevé.

LA VILLE DES GAULOIS

La ville gauloise, qu'on appelle l'oppidum, est protégée par une épaisse muraille constituée de pierres et de bois.

La ville est divisée en plusieurs quartiers, voici l'un d'entre eux. Cherche le forgeron, le tonnelier, la place du marché, le grenier à grains.

Les jeunes enfants jouent aux osselets ou à la poupée. Les plus grands travaillent avec leurs parents.

Diviciac est le fils d'un seigneur. Il suit les leçons du druide. Prêtre et médecin, le druide est un homme important.

Les Gaulois sont d'habiles artisans et de riches commerçants.
Ils frappent des pièces de monnaie en bronze, en argent et en or.

Les artisans fabriquent des tonneaux en bois, des armes en bronze et en fer, des poteries en argile, des tissus en laine, des bijoux en verre.

Ce chariot transporte des sacs de blé. Ce bateau, halé par des bateliers, est chargé de tonneaux de bière et d'amphores pleines d'huile.

LA VILLE DES ROMAINS

Les maisons sont construites en pierre et couvertes de tuiles en argile. Les villes romaines sont reliées entre elles par des voies pavées.

C’est jour de marché. Le boulanger, le barbier et le potier ouvrent leurs échoppes. Le marchand de légumes pèse le grain avec une balance romaine.

On ne va plus chercher l’eau à la rivière. Grâce à des aqueducs, l’eau arrive à des fontaines situées près des maisons.

À l’école, Flavie, Lucius et Marcus écrivent sur des tablettes de bois recouvertes de cire.

Le temple (1), la basilique (2), l'amphithéâtre (3) et les thermes (4) sont bâtis autour d'une grande place, le forum.

Les Romains se retrouvent au forum pour se promener et parler de la cité. Sous les arcades, ils s'abritent du soleil ou de la pluie.

Dans l'amphithéâtre se déroulent les courses de chars et les combats de gladiateurs.

Les Romains aiment se retrouver aux thermes, de l'air chaud circule dans les parois des bassins et chauffe l'eau.

LA VILLE DU MOYEN ÂGE

Elle est entourée d'une grande muraille. Pour pénétrer à l'intérieur, les voyageurs doivent payer une somme d'argent : l'octroi.

Les riches bourgeois habitent des maisons de pierre. Les plus pauvres vivent dans des maisons de bois qui prennent feu parfois. Les maisons n'ont pas toutes des vitres aux fenêtres. Quand il fait froid, on ferme les volets. La nuit, on s'éclaire avec des bougies. En dehors de la ville, se dressent des gibets où sont pendus les malfaiteurs.

Les rues sont sales car les habitants y jettent leurs ordures.
Quand il pleut, on patauge dans la boue. Des animaux
en liberté y cherchent leur nourriture.

Les artisans et les commerçants se regroupent selon leur métier.
Il y a la rue des bouchers, celle des poissonniers, celle des potiers...
Dans certaines villes se tiennent de grandes foires où l'on trouve
aussi bien du miel, du vin, des tissus que des épices, des fromages,
des pommes, des peaux, de la soie, du charbon...

LA CONSTRUCTION D'UNE CATHÉDRALE

Tailleurs de pierre, maçons, charpentiers, sculpteurs et verriers viennent de très loin pour construire les cathédrales.

En regardant les vitraux, les fidèles, qui ne savent pas lire, apprennent des épisodes de l'histoire sainte.

Les gargouilles servent à évacuer les eaux de pluie. Les sculpteurs leur donnent un aspect horrible pour effrayer les mauvais esprits.

LES MALHEURS FRAPPENT LA VILLE

La guerre et les maladies frappent souvent les villes du Moyen Âge. Ces malheurs aggravent encore la misère des plus pauvres.

La ville est attaquée. Les habitants se barricadent à l'intérieur des remparts. Bientôt, la nourriture manque : c'est la famine.

La peste est une terrible maladie qu'on ne sait pas guérir. Propagée par les rats, l'épidémie fait de nombreuses victimes. On marque d'une croix les maisons des malades, afin que les gens en bonne santé n'y entrent pas.

À PARTIR DE LA RENAISSANCE, LES VILLES S'EMBELLISSENT

On trace des avenues rectilignes et on aménage des places.
On construit des ponts de pierre sur lesquels il n'y a plus de maisons.

Les rois et les seigneurs demandent à des architectes de bâtir de magnifiques palais décorés de peintures et de sculptures et entourés de jardins.

Les prévôts, qui dirigent la cité, se réunissent à l'hôtel de ville.
Sur son fronton, une horloge mécanique remplace le cadran solaire.

L'EAU

Un grand progrès : une gigantesque pompe en bois puise l'eau de la rivière et l'amène jusqu'aux fontaines.

Il n'y a pas de fontaines dans tous les quartiers. Des milliers de porteurs apportent l'eau à domicile avec des seaux en bois de hêtre.

Les vieilles maisons de bois prennent facilement feu. Les pompiers, aidés par les habitants, tentent d'éteindre l'incendie avec des pompes à bras.

LES SEIGNEURS

Les seigneurs et les bourgeois circulent en carrosse et en chaise à porteurs. Il y a parfois des embouteillages monstrueux.

Les eaux s'écoulent dans le caniveau central. Il n'y a pas de trottoir. Pour ne pas se salir, les gens marchent de chaque côté de la rue.

Le soir, on allume les lanternes. Dans les rues mal éclairées, le porte-lanterne raccompagne les bourgeois jusque chez eux. Pour se faire payer, il compte le temps passé avec un sablier.

LES COMÉDIENS JOUENT SUR LES PLACES

Les comédiens et les montreurs d'animaux, qui vont de ville en ville, viennent de s'installer sur la place.

Lambert et Fanchette se pressent pour voir des animaux. Ils jouent avec de petits moulins en bois et dégustent des oublies, de délicieux petits gâteaux.

Les comédiens italiens interprètent des farces. Reconnais-tu les personnages d'Arlequin et de Polichinelle, le bossu ?

VOYAGES ET COMMERCE

Les moyens de transport se développent. La malle-poste, voiture tirée par des chevaux, relie les villes entre elles.

Au relais de poste, les voyageurs descendent de voiture. Pendant qu'on change les chevaux, le courrier est déchargé.

Des produits nouveaux arrivent des Indes et d'Amérique : du café, du chocolat, de la canne à sucre, du coton…

Des ouvrières tissent le coton pour fabriquer des étoffes. Plus tard, ce travail sera effectué par des machines.

LES PETITS MÉTIERS

Des vendeurs et des ouvriers déambulent dans les rues des villes. Ils portent leurs marchandises et leurs outils avec eux.

« Portugal, Portugal ! », crie le marchand d'oranges. « Pluie, pluie ! », chante le vendeur de parapluies dès qu'il se met à pleuvoir. Dans la rue, on peut même acheter des plumeaux et des balais.

Le petit ramoneur se glisse dans les cheminées pour enlever la suie. Le chasseur de rats nettoie les caves. Quand on ne sait ni lire ni écrire, on s'adresse à l'écrivain public qui rédige une lettre qu'on lui dicte.

LA VILLE AU TEMPS DES PREMIERS TRAINS

Au XIXe siècle, les rues sont pavées et bordées de caniveaux.
Les eaux sales coulent dans les égouts souterrains.

Autour de la nouvelle gare, omnibus à impériale, fiacres et charrettes attendent les passagers. Dans les rues, la circulation est souvent difficile. Pour améliorer les déplacements, on imagine un nouveau moyen de transport souterrain : le métro.

D’AUTRES PETITS MÉTIERS

Les rues des villes sont toujours très animées et de nombreuses personnes continuent à y exercer leur métier.

Le petit vendeur de journaux crie les nouvelles. Les sergents de ville veillent à la sécurité des habitants. Le balayeur ramasse les feuilles mortes.

Des jeunes femmes vendent des rubans, des lacets ou des fleurs. Chaque soir, un employé allume les réverbères à gaz qui éclairent la rue.

DES IMMEUBLES DE QUATRE ÉTAGES

Le confort des maisons s'améliore. L'hiver, on se chauffe avec des poêles à charbon. Le soir, on s'éclaire au gaz.

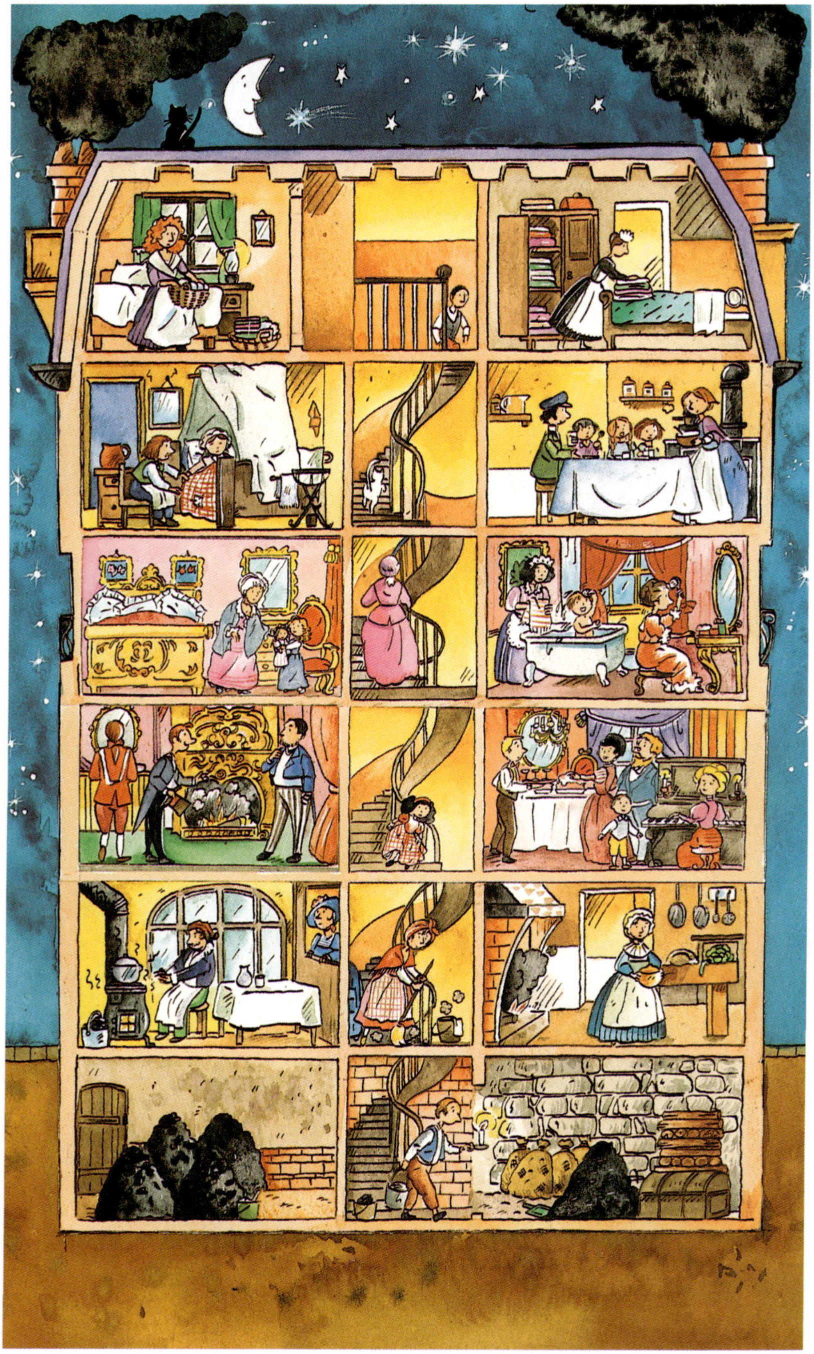

De riches bourgeois occupent le premier et le deuxième étages de l'immeuble. Ils disposent d'une salle de bains avec une baignoire en fer mais il n'y a pas encore l'eau courante. Il faut emplir et vider la baignoire avec des seaux.

Leurs serviteurs logent dans des petites chambres sous les toits.

L'appartement du troisième étage est loué à une famille d'ouvriers.
Ils vont faire leur grande toilette, de temps en temps, aux bains publics.

La concierge occupe une loge au rez-de-chaussée. Chaque jour, elle balaie le trottoir et nettoie l'escalier.

Dans la cave, on stocke le charbon pour les poêles.

GRANDS MAGASINS ET MARCHÉS

Dans les grands magasins du centre-ville, les clients viennent pour acheter ou simplement pour se promener dans les rayons.

Aux halles, chaque matin, toutes sortes de marchandises arrivent de la campagne : de la viande, du poisson, des légumes, des fruits, des œufs, des fromages, du lait, du beurre, des fleurs…

Dans les grands magasins, les clients trouvent tout ce qu'ils désirent : tissus, linge de maison, meubles, ustensiles de cuisine… Ils n'emportent pas eux-mêmes leurs achats. Des livreurs les leur apporteront à domicile.

DES MILLIERS D'OUVRIERS TRAVAILLENT EN VILLE

Des usines se construisent autour de la ville. Beaucoup de paysans viennent y chercher du travail.

Jusqu'à ce que l'école devienne gratuite et obligatoire, des enfants travaillent à l'usine pour apporter un peu d'argent à la maison.

Les ouvriers habitent dans des cités près des usines. Les maisons sont petites, avec un bout de jardin souvent transformé en potager.

LE DIMANCHE AU PARC

Le dimanche, les familles fréquentent les parcs et les jardins publics. Quand il fait beau, ils pique-niquent et se baignent.

Dans les parcs, il y a souvent des étangs sur lesquels on peut faire de la barque, un manège pour les enfants et un kiosque à musique pour les plus grands.

L'hiver, l'étang est gelé. Ferdinand et Séverine s'amusent à glisser avec leurs patins à glace.

Au zoo, Auguste et Léonie admirent les animaux que des explorateurs ramènent de leurs expéditions.

LA VILLE AUJOURD'HUI

La ville grandit. À la place des vieilles usines et des vieux immeubles, on construit de gigantesques tours d'acier, de béton et de verre.

Les usines sont regroupées dans des zones industrielles en dehors de la ville.
La nuit, les rues bien éclairées sont animées de panneaux publicitaires qui clignotent.

Les gaz d'échappement des voitures et les fumées des usines polluent l'air. Quand la pollution est trop forte, on limite la vitesse, on encourage les habitants à utiliser les transports en commun.

Dans certaines villes trop polluées, les passants et les cyclistes portent un masque qui filtre l'air qu'ils respirent.

Pour rendre la vie plus agréable, certaines rues du centre-ville sont réservées aux piétons et aux cyclistes. On y plante des arbres et des fleurs.

À CHACUN SON MOYEN DE TRANSPORT

Les villes ont toujours été encombrées par des véhicules. Peux-tu donner le char au Romain - la charrette avec les bœufs au Gaulois - la charrette avec le cheval au paysan du Moyen Âge - la chaise à porteurs au bourgeois du XVIIIe s. - la voiture ancienne au bourgeois du XIXe s. - l'automobile à l'homme d'aujourd'hui ?

VILLES DU MONDE

LES VILLES DU MONDE

Sur cette carte du monde sont représentés les villes et leurs symboles que tu vas découvrir dans ce chapitre.

Peux-tu dire quelle ville est représentée par la tour Eiffel ?
Par la statue de la Liberté ? Par la tour de Big Ben ?
Par la statue géante du Christ de Corcovado ? Par des pyramides ?

PARIS, EN FRANCE

Paris est la capitale de la France. C'est une ville très ancienne. Elle était déjà habitée à l'époque des Gaulois. Elle s'appelait alors Lutèce.

Les Parisiens se retrouvent sur l'avenue des Champs-Élysées pour fêter de grands événements. Le 14 juillet, l'armée française défile devant le président de la République.

La tour Eiffel mesure plus de 300 m de haut. On peut y monter à pied (1 710 marches) ou en ascenseur.

La cathédrale Notre-Dame a été construite au Moyen Âge sur l'île de la Cité.

Autrefois, le Louvre était le palais des rois de France.
Aujourd'hui, c'est l'un des plus grands musées du monde.

On entre dans le Louvre par la pyramide de verre. Chaque année, des millions de visiteurs viennent admirer la *Joconde*, le chef-d'œuvre de Léonard de Vinci.

Le Pont-Neuf est le plus vieux pont de Paris. Sur les quais de la Seine, les bouquinistes vendent des livres anciens.

Sur la place du Tertre, à Montmartre, Pierre pose pour un caricaturiste. Crois-tu qu'il va se reconnaître ?

VENISE, EN ITALIE

Venise est construite sur une lagune d'eau salée. Il n'y a pas de rues mais des canaux. On ne se déplace pas en voiture mais en bateau.

Les gondoles n'ont pas de moteur : les gondoliers les font avancer avec un seul aviron. Comme un autobus, le vaporetto s'arrête pour prendre des passagers.

La place Saint-Marc est la plus célèbre de Venise. Cette grande tour s'appelle le Campanile. Autrefois, il servait de phare pour guider les bateaux. Quand il pleut beaucoup, la place est inondée. Les Vénitiens posent des planches pour traverser à pied sec.

Toutes sortes de bateaux circulent dans Venise : les bateaux des pompiers, les vedettes de la police, les bateaux des éboueurs ou ceux des déménageurs qui transportent les meubles.

Le pont du Rialto a la forme d'un accent circonflexe. Il est bordé de boutiques.
Le pont des Soupirs relie le palais des Doges aux anciennes prisons.

À la mi-février, c'est le carnaval. Les Vénitiens portent le déguisement traditionnel composé d'un masque blanc en forme de bec, d'une cape et d'un tricorne noirs.

LONDRES, EN GRANDE-BRETAGNE

Londres est la capitale de la plus grande île d'Europe : la Grande-Bretagne. C'est la ville du monde qui possède le plus d'espaces verts.

Big Ben, est le nom donné au carillon installé dans la tour de la maison du Parlement.

Le Tower Bridge, qui enjambe la Tamise, se lève pour laisser passer les bateaux.

Chaque jour, à 11 h 30, la relève de la garde attire la foule devant le palais royal de Buckingham.

Le matin, de nombreux Londoniens se font livrer leur journal, leur bouteille de lait et leur pain de mie frais à domicile.

BERLIN, EN ALLEMAGNE

Longtemps coupée en deux par un mur, la ville de Berlin est aujourd'hui réunifiée et est redevenue la capitale de l'Allemagne.

La porte de Brandebourg est la dernière des portes qui marquaient autrefois l'entrée dans la ville.

L'ours est l'emblème de Berlin.

Les statues de la fontaine de Neptune symbolisent les fleuves de l'Allemagne : le Rhin, l'Elbe, l'Oder et la Vistule.

Dès qu'il fait beau, les Berlinois prennent le soleil et se baignent sur la plage qui borde le lac de Wannsee.

AMSTERDAM, AUX PAYS-BAS

Amsterdam est la ville rêvée pour les piétons et les cyclistes. De nombreux canaux sillonnent la ville.

Se loger dans le centre-ville coûte cher. Heureusement, il y a la solution d'habiter dans un bateau-maison. Certains sont assez grands et possèdent un jardin.

Sur la grand-place du Dam, on peut manger des harengs en écoutant des joueurs d'orgue de Barbarie.

Tout en bois, le pont Maigre s'ouvre comme un pont-levis pour laisser passer les péniches et les bateaux-mouches.

MOSCOU, EN RUSSIE

Capitale de la Russie, Moscou est construite autour du Kremlin, l'ancienne forteresse des tsars.

Sur la place Rouge, devant les remparts du Kremlin, se dresse la basilique Saint-Basile. Ses dômes, en forme de bulbes d'oignon, sont peints en couleurs.

La cloche-tsar est la plus grosse du monde. Elle n'a jamais sonné car elle a été cassée avant d'être installée.

Pour applaudir les danseurs du théâtre du Bolchoï, il faut réserver sa place longtemps à l'avance.

REYKJAVIK, EN ISLANDE

Capitale de l'Islande, Reykjavik est la ville la moins polluée du monde. Elle possède de nombreuses sources d'eau chaude naturelle.

Avec ces eaux chaudes, on chauffe les maisons, les terrains de sport et les rues. Ainsi, même en hiver, la chaussée et les trottoirs ne sont ni enneigés ni verglacés.

À minuit en été, on voit encore le soleil. Le 17 juin, pour la fête nationale, les Islandais se déguisent.

Afin de lutter contre la pollution et le bruit, une autorisation est nécessaire pour posséder un animal domestique.

LISBONNE, AU PORTUGAL

Lisbonne, la capitale du Portugal, est surnommée la ville blanche. Les façades de ses maisons sont décorées de carreaux de faïence.

Autrefois, la tour de Bélem gardait l'entrée du port.

Le monument des Découvertes rend hommage aux marins portugais de la Renaissance qui sont partis sur les routes de l'Inde et de l'Amérique.

Dans les ruelles du vieux quartier de l'Alfama, des musiciens interprètent des chansons populaires, les fados.

Le 13 juin, pour fêter la Saint-Antoine, les enfants vendent des petits pains et les amoureux échangent des brins de basilic.

ATHÈNES, EN GRÈCE

Athènes est la capitale de la Grèce. Bâtie sur un rocher, la citadelle de l'Acropole domine et protège la ville depuis plus de 2 000 ans.

Le Parthénon, le plus grand temple de l'Acropole, est dédié à la déesse Athéna qui a donné son nom à la ville. Comme tous les vestiges de l'Antiquité, le Parthénon doit être protégé de la pollution de l'air et des nombreux touristes qui viennent l'admirer.

Au kiosque, on achète de tout : des journaux, bien sûr, mais aussi des médicaments, des gâteaux…

Du Pirée, le port d'Athènes, partent les navires qui assurent la liaison avec les dizaines d'îles que compte la Grèce.

ISTANBUL, EN TURQUIE

Istanbul a la particularité d'être bâtie sur deux continents à la fois : une partie de la ville est en Europe, l'autre en Asie.

La basilique Sainte-Sophie est un lieu magique. Avant d'être un musée, elle a abrité une église chrétienne puis une mosquée musulmane. Appelée la mosquée bleue, elle possède plusieurs minarets.

Le marché du Grand Bazar rassemble des milliers de boutiques. Dans les rues couvertes, on peut boire du thé brûlant.

Pour franchir le détroit, qui sépare la ville, on peut prendre des bateaux qui s'arrêtent de station en station.

NEW YORK, AUX ÉTATS-UNIS

New York, que ses habitants surnomment la « grosse pomme », est la ville des gratte-ciel, ces gigantesques immeubles.

L'Empire State Building, dans le quartier de Manhattan, a été construit en une année. Ouvert en 1931, il mesure 443 m de haut et compte 102 étages. Chaque jour, des milliers de visiteurs se pressent sur la terrasse du 86e étage pour admirer la vue magnifique sur New York.

Il y a toujours beaucoup d'animation dans les rues. Certains magasins restent même ouverts toute la nuit.

À l'entrée du port s'élève la statue de la Liberté. Elle est haute de 93 m et on peut monter dans sa couronne.

Central Park est un parc situé en plein cœur du quartier de Manhattan. Les New-Yorkais viennent s'y promener, assister à des pièces de théâtre et faire du sport : de l'équitation, du tennis, du jogging…

À New York, l'été est très chaud et l'hiver très froid. En été, John fait du skateboard à Central Park. L'hiver, il patine sur le lac gelé.

Au siège de l'Organisation des Nations unies, des représentants de tous les pays du monde se rencontrent.

Chaque année, au mois de novembre, des milliers de sportifs viennent du monde entier disputer le Marathon.

LA NOUVELLE-ORLÉANS, AUX ÉTATS-UNIS

La Nouvelle-Orléans, dans l'État de Louisiane, est la ville dans laquelle est née la musique jazz.

Dans le quartier du Vieux-Carré, on peut encore entendre des Américains qui parlent français, comme au temps où cette ville était française. Partout, dans les bars, dans les restaurants, dans la rue, des orchestres jouent.

Ce *steamboat*, qui navigue sur le Mississippi, est propulsé par une machine à vapeur et une roue à aubes.

À mardi-gras, c'est le carnaval. Pendant une semaine, sur Canal Street, se succèdent parades et bals masqués.

ANCHORAGE, EN ALASKA

L'hiver, à Anchorage, le soleil ne brille que quelques heures par jour et les températures descendent jusqu'à –15 °C.

L'hiver, quand il fait très froid, des élans viennent chercher leur nourriture dans les rues et les jardins.

L'avion est le moyen le plus facile pour se déplacer. Sur le lac Hood, 800 hydravions décollent et amerrissent chaque jour.

En février, pendant la grande vente de fourrures, on se divertit avec le traditionnel saut de couverture eskimo.

En mars, une course de chiens de traîneaux part d'Anchorage pour 1 690 km à travers l'Alaska.

MONTRÉAL, AU CANADA

À Montréal, l'hiver est rude. Il neige et il gèle très fort. Heureusement, on a construit des kilomètres et des kilomètres de galeries souterraines.

Bien au chaud sous terre, on peut se rendre à son travail, faire ses courses, aller au restaurant ou au cinéma puis rentrer chez soi, sans mettre le nez dehors.

L'hiver, on fait du ski de fond sur les pistes cyclables.

L'été, aux bars laitiers, on déguste toutes sortes de crèmes glacées.

MEXICO, AU MEXIQUE

La capitale du Mexique, est l'une des plus grandes villes du monde. L'air est si pollué qu'on a installé des cabines à oxygène dans les rues.

Chaque jour, sur la place d'El Zocolo, des danseurs coiffés de plumes et portant des bracelets de coquillages exécutent des danses traditionnelles aztèques.

En costume noir et coiffés de leurs sombreros, les Mariachis accompagnent toutes les fêtes mexicaines.

C'est jour de fête : les enfants crèvent le ventre du Piñata, un animal en papier mâché rempli de bonbons.

RIO DE JANEIRO, AU BRÉSIL

Les habitants de Rio de Janeiro s'appellent les Cariocas. Les plus riches vivent dans les quartiers modernes, les plus pauvres dans les favelas.

Au sommet du Corcovado, une gigantesque statue du Christ veille sur la ville de Rio. Le Pain de sucre est un immense pic qui surplombe la plage.

Les favelas sont des bidonvilles. Les milliers de petites maisons colorées sont couvertes de toits de tôle. Les enfants des familles les plus pauvres travaillent pour gagner un peu d'argent.

Les plages de Rio s'étendent sur des kilomètres. À Copacabana, l'une des plus célèbres, les habitants aiment à se retrouver.

Juan va à l'école le matin. Le soir, quand la chaleur diminue, il retrouve ses camarades sur la plage.

Le Maracana est le plus grand stade de football du monde. Il peut accueillir 200 000 spectateurs !

En février, c'est le carnaval. Rio est en fête. Les danseurs des écoles de samba, qui ont répété toute l'année, défilent dans les rues.

CUZCO, AU PÉROU

Ancienne capitale de l'empire des Incas, Cuzco était célèbre pour son temple du Soleil, dont les murs étaient recouverts d'or.

Il ne reste plus que quelques murs de l'époque des Incas. Ces murs sont si solides qu'ils résistent aux tremblements de terre que la ville subit régulièrement.

La pomme de terre a été découverte par les envahisseurs espagnols qui l'ont rapportée en Europe.

Le 24 juin, les Péruviens s'habillent comme au temps des Incas et dansent pendant des heures.

LA PAZ, EN BOLIVIE

La Paz, la capitale de la Bolivie, est la ville la plus élevée du monde. Quand on y arrive, on ressent le mal de l'altitude.

Les gens riches habitent les quartiers du bas de la ville car le climat y est plus agréable. Les pauvres habitent les quartiers du haut où soufflent des vents froids.

Tissés avec de la laine de lama, les ponchos aux couleurs vives sont des vêtements très chauds.

Pour la fête des Alasitas, on porte à l'église les petites miniatures représentant ce qu'on rêve le plus de posséder.

BANGKOK, EN THAÏLANDE

Pikul habite à Bangkok, la capitale de la Thaïlande. Dans son quartier, il n'y a pas de rues mais des canaux, qu'on appelle les *klongs*.

Pikul habite dans une maison en bois construite sur pilotis. Pour aller à l'école, elle traverse le fleuve en bateau.

Pour se protéger de la pollution, les policiers portent un masque. On peut emprunter un drôle de taxi à trois roues.

Le temple est l'endroit dans lequel on célèbre Bouddha. Avant d'y entrer, on se déchausse en signe de respect.

Les moines au crâne rasé portent des robes couleur safran. Chaque matin, les fidèles leur préparent de la nourriture.

Au marché aux fleurs, Pikul achète un collier d'orchidées qu'elle dépose dans la maison des esprits qui protègent sa demeure.

JÉRUSALEM, EN ISRAËL

Jérusalem est la ville sainte des juifs, des chrétiens et des musulmans. Les juifs se recueillent devant le mur des Lamentations, les catholiques à l'église du Saint-Sépulcre et les musulmans au dôme du Rocher.

Le mur des Lamentations est le dernier vestige du Temple de Jérusalem. Les fidèles écrivent leurs prières sur des feuilles de papier qu'ils glissent entre les pierres du mur.

L'église du Saint-Sépulcre est construite sur l'emplacement où le corps de Jésus-Christ a été enseveli.

Le dôme du Rocher est bâti à l'endroit où Mahomet est monté au ciel. Sa coupole est recouverte d'or.

BÉNARÈS, EN INDE

Bénarès est la ville sacrée des Indiens qui, chaque matin, se baignent dans les eaux du Gange.

Sous les parasols, des astrologues prédisent l'avenir, des barbiers rasent les hommes, des marchands vendent des fleurs pour offrir aux dieux. Assis dans une position de yoga, des fidèles méditent pendant de longues heures.

Dans Bénarès, les vaches se promènent. Elles ont le droit d'aller partout et même de dormir au milieu de la rue. Quand elles sont vieilles, elles sont recueillies dans des maisons de « retraite » qui leur sont spécialement réservées.

LHASSA, AU TIBET

À Lhassa, sur la colline Rouge, se dresse le Potala. Il a fallu près de quarante années pour construire ce palais-forteresse du Dalaï Lama.

Les maisons de Lhassa n'ont pas plus de deux étages. Leurs murs sont blanchis à la chaux et leurs fenêtres encerclées de noir.

Au marché de Lhassa, le boucher vend de la viande de mouton séchée qui se conserve pendant plusieurs mois.

Les Tibétains attachent ces morceaux de tissus aux arbres pour que le vent emporte les prières écrites dessus.

PÉKIN, EN CHINE

Capitale de la Chine, Pékin est célèbre pour sa Cité interdite.
La plupart de ses habitants circulent à vélo.

La Cité interdite, entourée d'une haute muraille, compte 800 palais. C'était, autrefois la résidence de l'empereur. Le peuple n'avait pas le droit d'y pénétrer.

Tôt le matin, les Chinois sortent dans la rue pour lire le journal, jouer aux cartes, ou… faire de la gymnastique.

Au Nouvel An, en janvier ou en février, on illumine les rues avec des lampions et on fait défiler un immense dragon.

MARRAKECH, AU MAROC

Dans cette oasis construite devant les montagnes de l’Atlas, la partie la plus ancienne est entourée d’une épaisse muraille d’argile séchée.

La Koutoubia est la plus grande mosquée de Marrakech. La tour de son minaret mesure 77 mètres de hauteur.

Le souk, c’est ainsi qu’on appelle le marché, est un labyrinthe de ruelles. On y trouve des ateliers de potiers, de maroquiniers, de tisserands, et toutes sortes d’échoppes. Pour gagner un peu d’argent, Abdellatif guide les touristes.

La place Jemaa el-Fna est le cœur de la ville. Elle vit jour et nuit. Le matin, très tôt, elle accueille un immense marché sur lequel on vend des fruits, des sucreries, des herbes pour se soigner…

L'après-midi, le spectacle commence. Les musiciens, les jongleurs, les charmeurs de serpents, les dresseurs de singes, les diseurs de bonne aventure et les acrobates divertissent le public.

Au coucher du soleil, quand la chaleur diminue, la place se transforme en une gigantesque auberge de plein air. Jusque très tard dans la nuit, les conteurs racontent de longues histoires.

LE CAIRE, EN ÉGYPTE

Construite sur les rives du Nil, Le Caire est la capitale de l'Égypte.
En arabe, son nom signifie « La Victorieuse ».

Quand ils n'ont pas de logement, les habitants les plus pauvres du Caire dorment dans les rues, sur les toits des immeubles et même dans le cimetière.

Les chiffonniers du Caire collectent les ordures. Ils les trient puis revendent les matériaux récupérables.

À quelques kilomètres du Caire, devant les pyramides de Guizeh, le Sphinx veille sur les tombeaux des pharaons.

SAINT-LOUIS, AU SÉNÉGAL

Saint-Louis est construite à l'embouchure du fleuve Sénégal. Chaque jour, les piroguiers affrontent les rouleaux de l'océan pour aller pêcher.

Toutes ces barques appartiennent aux pêcheurs qui vivent dans de petites maisons alignées au bord de la plage.

Les étals du marché sont à même le sol et présentent une grande variété de fruits, de légumes et d'épices.

La baignade est un des jeux préférés de Doro et de ses camarades. C'est aussi le moment de la toilette pour les animaux.

DJENNÉ, AU MALI

Les maisons sont construites en banco, un mélange de terre, de paille et de beurre de karité. Le grand marché se tient devant la mosquée.

Les murs en banco de la mosquée sont hérissés de morceaux de bois qui servent de décoration et de supports aux échafaudages des maçons. Car, à la saison des pluies, les murs sont abîmés. Il faut les restaurer chaque année.

Le cordonnier coud des morceaux de cuir pour fabriquer une paire de bottes.
Ces potiers préparent les vases qu'ils vendent sur le marché. Les enfants aussi sont des artisans : avec du fil de fer, ils fabriquent leurs jouets.

SYDNEY, EN AUSTRALIE

À Sydney, le temps est doux tout au long de l'année. Dans les parcs et les réserves de la ville, on peut voir des koalas et des kangourous.

Le Harbour Bridge est un grand pont que les habitants de Sydney appellent le portemanteau. Il est situé près de l'Opéra, monument connu dans le monde entier.

Dans les vagues de l'océan Pacifique, Matt fait du surf. Il ne s'éloigne pas de la plage car les requins ne sont pas loin.

En hiver, la famille de Matt pique-nique dans le parc puis assiste à un match de cricket.

À CHAQUE VILLE SON BATEAU

Peux-tu dire dans laquelle de ces cinq villes accostera chacun des bateaux représentés dans cette page ?

La tour Eiffel à Paris.

La basilique Sainte-Sophie à Istanbul.

Un orchestre de jazz à La Nouvelle-Orléans.

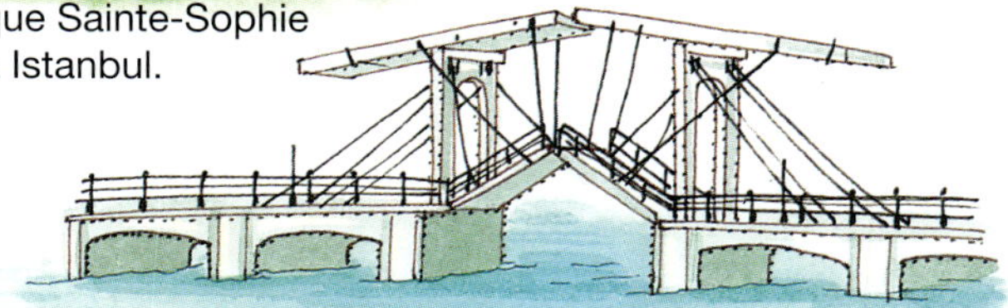

Le pont Maigre à Amsterdam.

Le Campanile de la place Saint-Marc à Venise.

Réponses : *A à Venise - B à La Nouvelle-Orléans - C à Amsterdam - D à Paris - E à Istanbul.*

DÉCOUVERTE DE LA VILLE

PETITE CITÉ ET VILLE MOYENNE

Richard et Pauline sont des citadins, ils habitent en ville. Mais ces villes sont différentes : elles n'ont pas la même taille.

La ville de Richard est une petite cité : les maisons sont bâties autour de l'église et de la mairie. La campagne est tout près. C'est agréable : il n'y a pas besoin de prendre la voiture pour aller s'y promener.

Il y a plusieurs quartiers dans la ville de Pauline : le centre-ville très ancien et les quartiers résidentiels tout neufs. Pour faciliter la circulation, on a construit un boulevard périphérique qui entoure la ville.

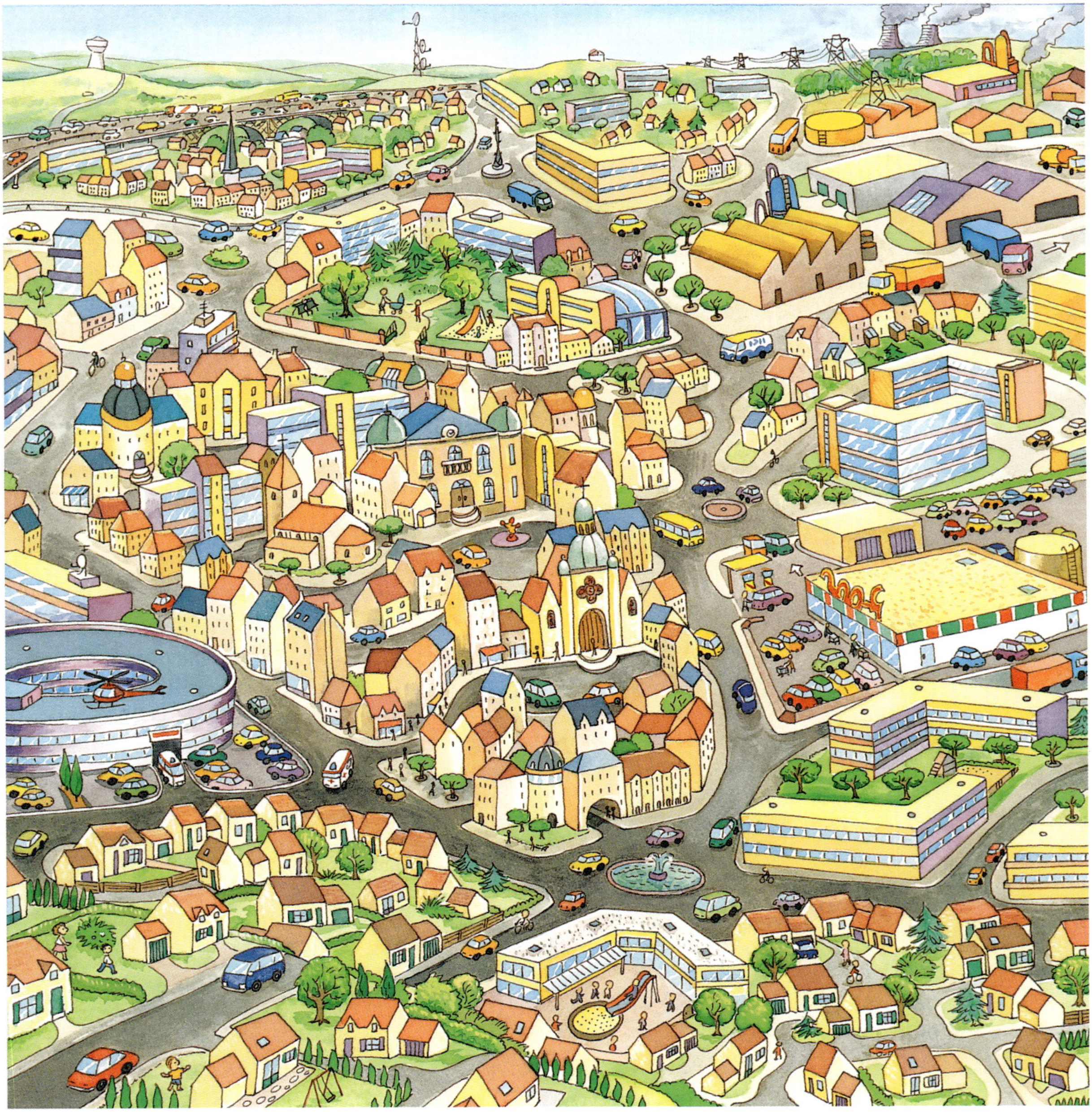

Comment s'appelle le quartier dans lequel sont installées les usines : le centre-ville ou la zone industrielle ? Et le quartier dans lequel est installé le surpermarché : le quartier résidentiel ou le centre commercial ?

UNE GRANDE MÉTROPOLE

Charlotte habite dans une grande métropole. Dans cette ville géante, sont installés les bureaux des administrations et des grandes sociétés.

Pour loger les milliers d'habitants, on a bâti des immeubles de plusieurs étages : des buildings. Tout autour de la métropole, la banlieue, elle aussi, s'est développée.

À l'aéroport, de nombreux avions atterrissent et décollent sans cesse.
Dans la gare, des trains rapides transportent
des milliers de voyageurs chaque jour.

Cherche où se trouvent : la gare - l'hôpital avec l'hélicoptère sur le toit - l'aéroport - la place du marché - l'église - les vieux quartiers.

LA CIRCULATION

Dans la rue, on respecte
les règles du code de la route :
les voitures, camions, bus,
motos et vélos circulent
sur la chaussée ; les piétons
sur le trottoir.

Sens interdit : ni les voitures ni les vélos ne peuvent entrer dans cette rue.

Stop : les voitures et les vélos s'arrêtent et attendent que la voie soit libre pour passer.

Passage pour piétons : les voitures doivent te laisser passer. Vérifie bien, avant de traverser, qu'il n'y a pas de danger.

Attention école : les voitures doivent ralentir.

Voie réservée aux autobus : les voitures ne peuvent pas y circuler.

Peux-tu dire ce que signifie chaque panneau représenté. Si tu ne sais pas, aide-toi des explications indiquées. Observe bien : un enfant devant l'école s'apprête à commettre une infraction. Saurais-tu dire laquelle ?

Stationnement interdit : les voitures ne peuvent pas se garer. Si elles le font, elles risquent une amende.

Piste cyclable : cette voie est réservée aux vélos.

Limitation de vitesse : les voitures ne doivent pas dépasser 50 km/heure.

Le feu est au rouge : les voitures s'arrêtent. Le piéton est vert, on peut traverser.

Le feu est vert : les voitures passent. Le piéton est rouge, on doit attendre sur le trottoir.

Réponse : un enfant va traverser en dehors des passages piétons.

STATIONNER

Pas facile de garer la voiture ! Pour faciliter le stationnement, on aménage des parkings dans la rue, sous terre ou dans les immeubles.

Dans les rues, de nombreuses places sont payantes. Pour se garer, il faut aller au distributeur prendre un ticket qu'on pose derrière le pare-brise.

Qui utilise cet emplacement ?
Et pourquoi a-t-on placé des tubes scellés dans le sol ?

Cette place, plus large que les autres, est réservée aux personnes handicapées.

PRENDRE LE BUS

Le bus est un moyen pratique de se déplacer quand on n'a pas de voiture. Il suit toujours le même trajet et passe aux mêmes arrêts.

Pour savoir où vont les bus, on regarde le numéro de leur ligne et le nom de leur destination. C'est facile : ils sont écrits en gros au-dessus du pare-brise.

En montant dans le bus, Yann composte le ticket qu'il a acheté. Pour descendre au prochain arrêt, il avertit le conducteur grâce à un signal lumineux.

LE MÉTRO

Le métro se moque bien des embouteillages. Les rames, qui roulent grâce à l'électricité, circulent dans des tunnels souterrains.

Pour arriver sur le quai, on glisse son ticket dans une machine qui ouvre le portillon. Dans le métro, il y a beaucoup de voyageurs, on laisse les places assises aux personnes âgées et aux femmes enceintes. Juste avant le départ du métro, une sonnerie annonce la fermeture des portières.

QUELQUES CONSEILS DE SÉCURITÉ

En ville, il faut toujours être prudent pour soi et pour les autres. Voici quelques conseils bien utiles pour éviter de se mettre en danger.

Avant de traverser la rue, Faustine attend que le bus ait redémarré.

Pour descendre de voiture, Julien ouvre la portière du côté du trottoir.

Quand on fait du roller, on évite de bousculer les passants.

Karim attend que la voiture passe pour récupérer son ballon.

LA GARE

Quelle agitation dans le grand hall ! Des voyageurs se pressent de prendre leur billet avant de monter dans le train.

Les chariots du service postal se fraient un chemin pour aller charger les sacs de courrier. Le chef de gare regarde sa montre. C'est l'heure de faire partir le train. Il donne un coup de sifflet et agite son signal.

Reconnais les wagons-citernes, les wagons de marchandises, les wagons postaux, les wagons de transport de voitures, les rames de trains à grande vitesse.

Dans le poste d'aiguillage, les employés de la gare dirigent les trains sur les voies qui leur sont réservées. Comme sur la route, des feux et des panneaux réglementent la circulation et la vitesse.

L'AÉROPORT

La plupart des avions transportent des passagers.
Mais les avions-cargos (1) n'emportent que des marchandises.

À l'aérogare, les passagers retirent leurs billets et font enregistrer leurs bagages. Avant d'entrer dans la salle d'embarquement, ils présentent leurs papiers d'identité au service de police et leurs sacs sont contrôlés.

Pendant que les passagers montent dans l'avion (2), les employés de l'aéroport finissent de charger les bagages dans la soute (3) et de remplir les réservoirs de kérosène (4).

Dans la tour de contrôle (5), les aiguilleurs du ciel suivent les avions sur leurs écrans radar et correspondent par radio avec les pilotes. Ils ont beaucoup de travail pour que tout se passe bien et que les avions ne prennent pas de retard.

LE PORT

Dans le port de commerce, des navires viennent, parfois de l'autre bout du monde, apporter ou chercher des marchandises. Dans le port de pêche, les pêcheurs débarquent le poisson qu'ils ont capturé dans leurs filets.

Grâce à ses puissants moteurs, le remorqueur dirige les grands navires et les aide à s'amarrer au quai. Les lamaneurs passent les amarres autour des bittes d'amarrage. Aussitôt, les dockers commencent à charger ou à décharger les marchandises.

Reconnais tous ces bateaux : le ferry qui transporte des voitures et des passagers, le pétrolier qui rentre dans le port et le remorqueur qui le tire, le cargo qui charge du blé dans ses cales, et le porte-conteneurs, la drague qui creuse l'entrée du port, les bateaux de pêche amarrés devant la criée.

Les conteneurs sont de grandes boîtes dans lesquelles sont transportées toutes sortes de marchandises : des fruits, des téléviseurs, des meubles, des livres… À terre, les conteneurs sont acheminés par camions.

LA MAIRIE

Le maire est le responsable de la cité. Il se réunit avec le conseil municipal pour discuter de tout ce qui est important dans la ville.

Doit-on construire une nouvelle école, agrandir une rue, acheter de nouveaux bus ? Les conseillers municipaux qui sont d'accord lèvent la main.

Ces jeunes mariés ont dit oui et ont signé le registre des mariages. Le maire les déclare mari et femme.

Les habitants élisent les conseillers municipaux. Le jour des élections, ils déposent leur bulletin dans l'urne.

L'ÉCOLE

Dans les villes, il y a des écoles : des maternelles pour les petits, des écoles primaires, collèges et lycées pour les plus grands.

Dans la cour de récréation de l'école maternelle sont prévus de nombreux jeux pour les enfants. Peux-tu montrer la marelle qui a été dessinée au sol ?

Quand la maîtresse nous emmène en visite, on écoute ce qu'elle dit et on ne se bouscule pas.

À la sortie de l'école, on attend que l'agent de sécurité nous donne l'autorisation de traverser.

LA POSTE

Au bureau de poste, on peut envoyer une lettre, téléphoner ou retirer un colis que le facteur n'a pas pu déposer dans la boîte aux lettres.

Retrouve dans ce bureau de poste la personne qui retire un colis, celle qui achète des timbres, celle qui met une lettre dans la boîte, celle qui cherche un numéro de téléphone, celle qui retire de l'argent et celle qui consulte son e-mail.

LA BANQUE

Porte blindée, coffre-fort, caméras de surveillance et alarmes électroniques protègent l'argent qui est entreposé à la banque.

Avec une carte bancaire, on peut retirer des billets au distributeur. À la banque, papa et maman ont emprunté de l'argent pour acheter la maison. Tous les mois, ils remboursent une petite partie de cet argent.

Dans leur camion blindé, les convoyeurs de fonds transportent l'argent d'une banque à l'autre.

À la banque, on peut louer un coffre dans lequel on dépose des objets de valeur, des bijoux par exemple.

LES SERVICES DE POLICE

Les policiers assurent la sécurité des gens, font respecter les lois, contrôlent la circulation des voitures et arrêtent les malfaiteurs.

Un policier arrête les voitures pour permettre à des personnes âgées de traverser en toute sécurité. Que font les deux autres policiers et pourquoi ?

Avec un radar, les policiers contrôlent la vitesse des voitures. Avec un éthylomètre, ils s'assurent que le conducteur n'a pas bu d'alcool avant de prendre le volant.

Tous les policiers ne portent pas d’uniforme. Ceux qui mènent les enquêtes sont habillés comme tout le monde.

Ces policiers ont arrêté un voleur. Ils le conduisent au commissariat de police pour l’interroger. L’interrogatoire peut durer plusieurs heures.

Ces motards escortent une ambulance qui se rend de toute urgence à l’hôpital.

Tu es perdu, quelqu’un t’embête... Tu peux demander de l’aide à un policier.

LE TRIBUNAL ET LA PRISON

Au tribunal, les juges rendent la justice : ils tentent de savoir si les personnes accusées ont commis les fautes qu'on leur reproche.

Cet homme est reconnu coupable d'avoir dévalisé une banque. À la fin du procès, les juges le condamnent à une peine de prison.

Tout le temps que dure sa peine, le prisonnier est privé de liberté. Il mange et il dort dans une cellule. Dans la journée, il peut travailler et faire du sport, toujours à l'intérieur de la prison. Il est surveillé par des gardiens.

LES ÉDIFICES RELIGIEUX

Chaque religion a son lieu de prière : les catholiques prient Dieu à l'église, les musulmans à la mosquée et les juifs à la synagogue.

Reconnais le symbole de chaque religion : la croix de la religion catholique, le croissant de la religion musulmane et l'étoile de David de la religion juive.

Au cimetière reposent les personnes décédées. Le jour de la Toussaint, leurs parents et leurs amis fleurissent leurs tombes.

L'HÔPITAL

On va à l'hôpital pour se faire soigner ou pour se faire opérer.
Les mamans y vont également pour donner naissance à leurs enfants.

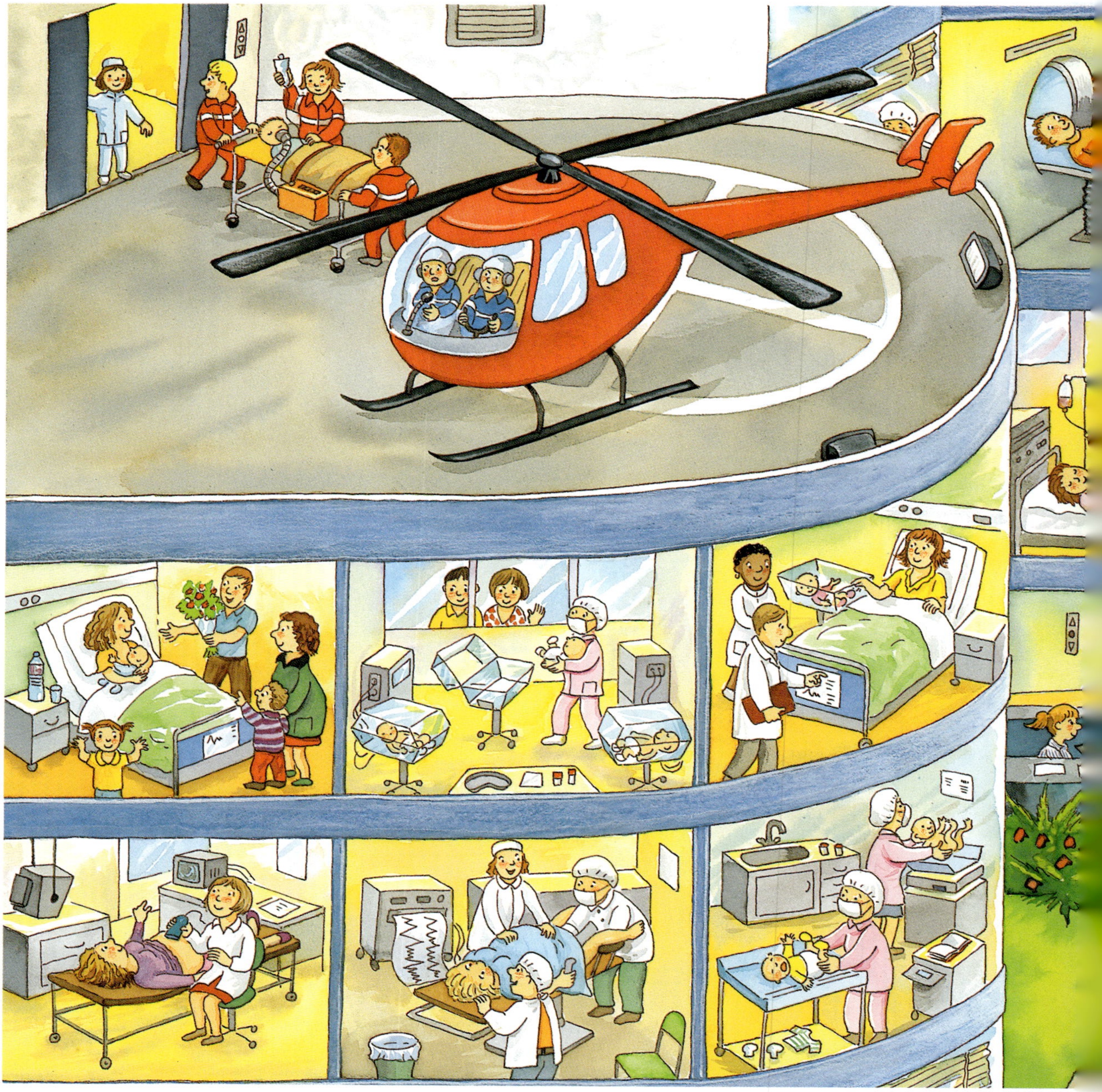

Promène-toi dans l'hôpital en essayant de reconnaître tous les services : maternité, avec la salle d'accouchement et celle où on s'occupe

L'hôpital est comme une petite ville. On peut y faire des courses, y manger et même y dormir lorsque quelqu'un de sa famille est hospitalisé.

des nouveau-nés - radiologie - bloc opératoire - réanimation - rééducation - urgences - accueil.

LA SOLIDARITÉ

Dans la ville, certaines personnes ont des difficultés.
Voici comment on peut leur venir en aide.

Pendant l'hiver, des bénévoles servent des repas chauds à ceux qui ne peuvent pas se nourrir correctement.

Adrien donne les vêtements qu'il ne porte plus. La Croix-Rouge les distribuera à des enfants qui en ont besoin.

La puéricultrice du centre social apprend à cette jeune maman comment bien s'occuper de son bébé.

Deux soirs par semaine, à la maison de quartier, Karine aide Félix et Tatiana à faire leurs devoirs.

LA CASERNE DES POMPIERS

À la caserne, les pompiers font du sport pour garder leur condition physique. Ils s'entraînent à monter à la grande échelle.

La grande tour d'entraînement sert également à sécher les tuyaux. Jour et nuit, au poste de commandement, un pompier veille et donne l'alerte.

Les pompiers portent une veste, des bottes de cuir et un casque. Pour lutter contre le feu, ils portent une combinaison qui résiste aux flammes, un masque et une bouteille à oxygène.

ALERTE INCENDIE

Alerte à la caserne ! Un incendie s'est déclaré dans un immeuble du centre-ville. Les pompiers interviennent le plus rapidement possible.

Deux pompiers raccordent la lance à une bouche d'incendie et la déroulent ! Quand la vanne est ouverte, ils dirigent la lance vers les flammes.

Les pompiers remplissent de nombreuses autres missions : porter secours aux blessés ou aux malades, évacuer des personnes en danger, détruire des nids de guêpes… et même aider des animaux en difficulté.

La rivière déborde. Les rues et les maisons sont inondées. Les pompiers évacuent les habitants et pompent l'eau dans les caves.

Protégé par un uniforme spécial, ce pompier détruit un nid de guêpes.

Le chaton ne peut pas descendre du toit. Merci les pompiers !

LE CENTRE COMMERCIAL

Au centre commercial, on peut acheter tout ce dont on a besoin… ou presque : de la nourriture, des fleurs, des vêtements, des livres, etc.

Avant d'entrer dans l'hypermarché, on prend un chariot puis on se sert soi-même dans les rayons. À la caisse, la machine lit le code-barres apposé sur chaque article. Automatiquement, le prix est imprimé sur le ticket de caisse.

Chaque jour, de gros camions viennent livrer le grand magasin.
Avant l'arrivée des clients, les employés mettent
la marchandise en rayon et affichent les prix sur les étiquettes.

De nombreuses boutiques, petites et grandes, sont installées dans la galerie marchande. On y trouve également des restaurants, des salons de coiffure, des banques, des cabines téléphoniques et parfois un petit bureau de poste.

LES PETITS MAGASINS DU CENTRE-VILLE

Les commerçants ont chacun leur spécialité. Le boucher vend de la viande, le boulanger, du pain, et le crémier, des fromages.

Dans quelle boutique de cette rue vas-tu acheter des gâteaux ? Des fleurs ? Des fruits ? Des confitures ? Du poisson ?

Dans cette rue, montre la boutique du coutelier, du brocanteur, du quincaillier, du joaillier, de l'oiseleur, de l'opticien et dis ce qu'ils vendent.

AU MARCHÉ

Une fois par semaine, c'est le marché. Des commerçants ambulants dressent leurs étals sur la place et sous la grande halle.

Les marchands ambulants n'ont pas de boutique. Ils se déplacent de ville en ville avec leur camion. Comme autrefois, ils crient pour attirer les clients.

Ce vendeur d'huîtres est ostréiculteur. Il élève lui-même les huîtres qu'il vend.
Cette agricultrice fabrique elle-même ses petits fromages de chèvre.
À la rôtisserie, on peut acheter des poulets déjà cuits.

DISTRIBUTION ET TRAITEMENT DE L'EAU

Quand on a besoin d'eau, c'est simple : on ouvre le robinet. Mais avant de couler, cette eau a parcouru un long chemin.

L'eau est pompée dans une nappe souterraine. Mais elle n'est pas potable : on ne pourrait pas la boire telle quelle. Elle est traitée dans une station de purification puis, quand elle est propre, elle est stockée dans un château d'eau (1).

Des milliers de kilomètres de canalisations, grandes et petites, acheminent l'eau dans chaque maison. D'autres tuyaux la conduisent à l'évier de la cuisine, au lavabo de la salle de bains, aux toilettes…

Les eaux de la vaisselle, du bain ou des toilettes sont sales. Il n'est pas question de les envoyer directement dans les rivières. Elles doivent d'abord être nettoyées dans une station d'épuration où on retire les déchets qu'elles contiennent (2).

L'ÉLECTRICITÉ

Génial ! On appuie sur l'interrupteur et la lampe s'allume. C'est grâce à l'électricité ; ce courant invisible se déplace à très grande vitesse.

L'électricité est fabriquée dans la centrale nucléaire (1). Elle est amenée par des lignes suspendues à des pylônes (2) puis par des câbles souterrains (3).

On utilise de l'électricité à chaque instant. Observe bien cette scène et montre tout ce qui a besoin d'électricité pour fonctionner.

LE TÉLÉPHONE

Grâce à un vaste réseau de fils et d'antennes, on peut téléphoner à des amis qui sont au bout du monde ou de l'autre côté de la rue.

Les téléphones de Lucile et de sa mamie sont reliés à un standard. Quand Lucile compose le numéro de sa mamie, aussitôt, le standard trouve ce numéro et envoie un signal électrique. Chez mamie, le téléphone sonne.

L'antenne du téléphone portable émet des ondes qui sont captées par une parabole.

Pour envoyer un e-mail ou accéder à un site Internet, il faut relier l'ordinateur au réseau du téléphone.

UN NOUVEAU QUARTIER SORT DE TERRE

Parfois, on ne démolit pas complètement un vieil immeuble.
On garde la façade parce qu'elle est belle.

Les pierres et les gravats tombent dans la benne du camion. Que de bruit et de poussière sur le chantier ! Les pelleteuses creusent le sol. Les maçons coulent le béton des fondations.

L'architecte, qui a dessiné les plans du futur immeuble, et le chef de chantier, qui dirige les ouvriers, suivent les travaux. L'immeuble est construit en béton, un mélange de sable, d'eau et de ciment.

Par radio, les maçons indiquent au grutier où il doit amener précisément les lourdes plaques de béton. Les vitriers, les électriciens, les plombiers, les menuisiers et les peintres terminent les aménagements intérieurs.

L'ENTRETIEN

Réparer une fuite d'eau, changer l'ampoule d'un lampadaire, nettoyer des vitres… Il y a toujours mille et un travaux d'entretien dans la ville.

Pour repeindre le passage pour piétons, on dévie la circulation.

Les égoutiers colmatent une fuite sur une canalisation.

Des peintres repeignent les bancs. L'électricien change les lampes.

Il ne faut pas avoir le vertige pour nettoyer les vitres de cet immeuble.

LA PROPRETÉ DE LA VILLE

Une ville propre, c'est plus joli et plus agréable à vivre.
Chacun, à sa manière, peut contribuer à garder les rues propres.

Le service de nettoyage ramasse les feuilles en automne.

Le marché vient de se terminer, les employés nettoient la place.

Amandine apprend à son chien à faire ses besoins dans le caniveau.

Damien jette le paquet vide dans une poubelle.

LES DÉCHETS MÉNAGERS

Tous les déchets qu'on jette à la poubelle n'ont pas la même valeur.
Le verre, le plastique et le papier peuvent encore servir.

Dans de nombreuses villes, on doit trier ses déchets ménagers et les déposer dans les bons conteneurs sans se tromper.

Le verre récupéré est fondu pour fabriquer… du verre. Le papier est transformé en papier de moins bonne qualité ou en carton. Les autres déchets sont brûlés, mais tout n'est pas perdu : la chaleur qui se dégage de l'usine d'incinération sert à chauffer des immeubles.

LES LOISIRS

À la médiathèque et à la maison de quartier, des animateurs proposent toutes sortes d'activités de loisir.

À la médiathèque, Myrtille écoute la bibliothécaire raconter une histoire, tandis que Ludivine et Charlène jouent à un jeu vidéo.

C'est bientôt le spectacle de la maison de quartier, Elsa et Alexandre s'appliquent encore plus. Ce jour-là, la peinture de Mahéva sera exposée dans le hall. Tout le monde pourra l'admirer.

LES SPECTACLES

Toutes les villes n'ont pas un théâtre, mais presque toutes ont une salle des fêtes et un cinéma.

Dans la salle des fêtes, on peut assister à de nombreux spectacles, écouter de la musique classique ou applaudir un chanteur de rock.

Au cinéma, on projette les films sur un écran géant.

Les comédiens répètent longtemps avant de jouer au théâtre.

LES FÊTES DANS LES RUES

À chaque saison, la fête envahit la ville. Au printemps, c'est le carnaval. En été, c'est la Fête de la musique. En automne, c'est Halloween.

C'est carnaval. La cavalcade parcourt les rues. On se déguise et on se lance des poignées de confettis.

Le jour de la Fête de la musique, des musiciens et des chanteurs donnent des concerts partout dans les rues.

La veille de la Toussaint, c'est Halloween. On se déguise en sorcière et en fantôme, et on joue à se faire peur.

Pour Noël, les rues sont illuminées et les boutiques sont décorées. À la porte des maisons, on accroche une couronne.

LES PARCS ET LES JARDINS PUBLICS

Les parcs et les jardins dans lesquels on va se promener et jouer sont entretenus par les jardiniers de la ville.

Les jardiniers sont de véritables artistes. Admire l'animal qu'ils ont sculpté dans ce buisson de buis, et le dessin qu'ils ont reproduit avec des fleurs.

Dans la chaleur des serres poussent les fleurs qui sont plantées un peu partout dans la ville.

Au pied des arbres, on laisse une bande de terre non goudronnée afin que les racines puissent absorber l'eau de pluie.

En semaine, certaines personnes viennent au jardin public pour lire un journal, pour se détendre un peu ou manger un sandwich avant de retourner au travail.

Les enfants ont un coin-jeu fermé par un portillon pour empêcher les chiens d'entrer et pour éviter que les plus petits n'en sortent.

Jérémy et son papa font voguer leurs bateaux dans le bassin.

Zina lance du pain aux cygnes et aux canetons.

LES SPORTS

Au stade se disputent des matchs de football ou de rugby et des épreuves d’athlétisme. Les supporters sont dans les tribunes.

La pelouse du terrain est coupée bien ras. Pour ne pas glisser sur l’herbe, les footballeurs portent des chaussures munies de crampons.

Il y a trois types d’épreuves d’athlétisme qui se déroulent au stade : les courses sur la piste ; les lancers de poids, du marteau et du javelot ; les sauts en longueur, en hauteur et à la perche.

Au gymnase, Charles et Solène pratiquent les agrès. Le cheval d'arçon, les barres parallèles, la barre fixe, les anneaux sont réservés aux garçons. Les barres asymétriques et la poutre sont pour les filles.

Servane pratique la danse rythmique. Elle s'entraîne sur un grand tapis de mousse avec des cerceaux, des balles et des rubans.

En semaine, les enfants des écoles viennent apprendre à nager.

Tous les enfants n'ont pas la chance d'avoir une patinoire dans leur ville.

LA VILLE LA NUIT

Il est une heure du matin. Tu dors depuis longtemps déjà.
Mais sais-tu que, dans la ville, beaucoup de gens travaillent ?

Ces ouvriers impriment le journal que papa et maman liront demain matin.

Il y a moins de circulation. On en profite pour goudronner la chaussée.

Le boulanger se lève tôt pour faire cuire les pâtons qu'il a préparés la veille.

À la maternité, l'infirmière de garde s'occupe de maman et de son bébé.

LA VILLE LE MATIN

Il est six heures du matin ! Tu n'es pas encore réveillé que, déjà, de nombreuses personnes ont commencé leur journée de travail.

Le porteur de journaux se dépêche pour que les gens lisent les nouvelles en prenant leur petit-déjeuner.

Le livreur dépose les cageots de fruits. Le marchand de primeur les dispose en pyramide sur son étal.

Cette femme de ménage nettoie les bureaux avant l'arrivée des employés.

Les éboueurs vident les poubelles dans leur camion-benne.

À DÉCOUVRIR

Un premier dictionnaire pour les 5-8 ans

À travers les contes, la lecture est au centre de la conception de ce nouveau dictionnaire. Grâce aux personnages et aux scènes des histoires que tous les enfants connaissent, les mots prennent vie dans des univers familiers pour stimuler l'envie de lire et de comprendre.

Pour apprendre à chercher : les 3 premières lettres du premier mot de la page.

Le mot est expliqué à chanson.

Les définitions ou les explications sont simples.

Les devinettes invitent à circuler dans le dictionnaire et à découvrir d'autres mots.

Pour apprendre d'autres mots en allant voir la planche sur le temps.

Les dialogues mettent les mots en situation.

La nature des mots est donnée pour le nom, l'adjectif et le verbe.

La baguette de fée introduit un autre sens du mot ou un mot de la même famille.

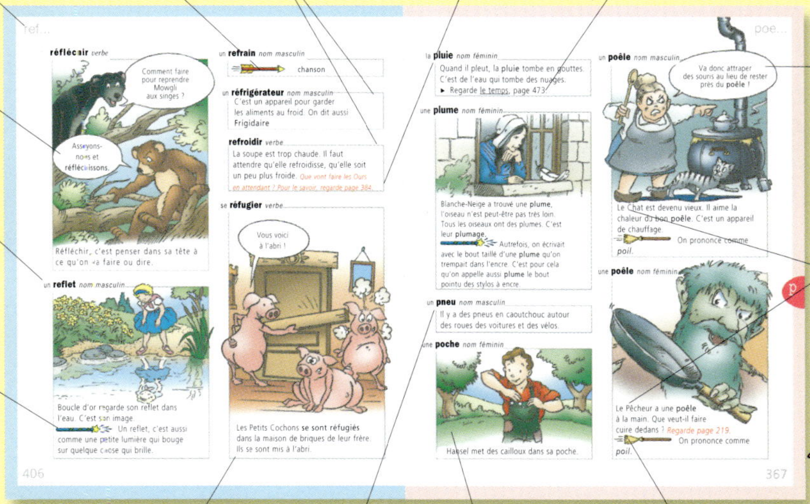

Tous les types de phrases sont représentés dans les bulles.

À partir d'un mot, on en découvre d'autres.

Les noms des personnages ont une majuscule.

Les verbes sont le plus souvent conjugués dans les récits.

Les féminins ou les pluriels difficiles sont illustrés par l'exemple.

Le mot est connu. Le dessin suffit.

Le balai de sorcière introduit une remarque.